Felix & Theo

Ferien
bei Freunden

LANGENSCHEIDT

BERLIN · MÜNCHEN · WIEN · ZÜRICH · NEW YORK

Leichte Lektüren
Deutsch als Fremdsprache in drei Stufen
Ferien bei Freunden *Stufe 1*

Dieses Werk folgt der neuen Rechtschreibung
entsprechend den amtlichen Richtlinien.

© 1993 by Langenscheidt KG, Berlin und München
Druck: Druckhaus Langenscheidt, Berlin
Printed in Germany
ISBN 3-468-49686-9

„Reisen bildet." (Humboldt)

Die Hauptpersonen dieser Geschichte sind:

Helmut Müller, Privatdetektiv, freut sich auf den Urlaub an der Costa Brava.
Bea Braun, seine Sekretärin, freut sich auf eine Woche ohne ihren Chef.
Felix Neumann, Restaurantbesitzer in Spanien und alter Freund Müllers, kennt gute Kochrezepte und weiß auch sonst viel.
Petra Krause, Berliner Versicherungsagentin, legt ihr erspartes Geld in Immobilien in Spanien an. Aber das ist keine gute Idee.
Johann Basedow hat eine gute Idee, wie man schnell Geld verdienen kann. Sein Freund
Carlos Montana hilft ihm dabei. Aber die beiden haben diesmal Pech.

1

„Mist, Mist, Mist! Wo ist denn der Ordner vom Fall Schlachter? Also wirklich ... Bea! ... Bea! BEAAAA!"
Die Tür zu Helmut Müllers Büro geht auf, Bea Braun, seine Sekretärin, kommt ins Zimmer.
„Was ist denn los, Chef? Sie haben heute aber schlechte Laune!"
„Wieso schlechte Laune?" Ich finde einfach den Ordner zum Fall Schlachter nicht. Das Finanzamt hat geschrieben, dass unsere Papiere nicht in Ordnung sind. Jetzt muss ich alles noch mal machen. So ein Mist!"
„Aber, aber! Das ist doch kein Problem. Ich finde, Sie haben schlechte Laune und das ist alles. Der Ordner ist bei mir. Ich hole ihn gleich."

Bea geht in ihr Zimmer. Das Telefon klingelt. Müller nimmt den Hörer ab und meldet sich:
„Büro Müller, guten Tag! ... Wer? ... Na so was! Wie geht es dir? ... Ja, ja ... Wie? ... Wo? ... Das ist sehr nett von dir, aber weißt du, die Arbeit, die Arbeit ... Na, ja, vielleicht hast du Recht ... und wie komme ich dahin? ... Barcelona? Und du holst mich dann am Flughafen ab? Mensch, prima! Was? 25 Grad im Schatten? Wassertemperatur 22 Grad? Felix, Felix, ich glaube wirklich, ich mache ein paar Tage Urlaub. Hör zu, ich ruf dich in den nächsten Tagen noch mal an. Nein, nein, ehrlich, versprochen! O.k. bis dann ... Ja, mach ich, tschüs, mein Lieber!"

Helmut Müller legt den Hörer auf die Gabel.
„Wissen Sie, wer gerade angerufen hat, Bea? Natürlich wissen Sie es nicht. Das war mein alter Freund Felix Neumann. Wir haben vor vielen Jahren mal in einer Studentenkneipe gearbeitet. Er als Koch und ich als Kellner. Und wissen Sie, wo der jetzt ist? In Spanien! Deutsches Spezialitätenrestaurant an der Costa Brava! Sein eigenes Restaurant! Ich werde hinfliegen! Ich mache Urlaub, jawohl! Na, wie finden Sie das, Bea?"
„Ich glaub, das ist eine sehr gute Idee, Chef. Sie haben Urlaub dringend nötig. Und ich habe dann auch ein bisschen mehr Ruhe hier, wenn Sie nicht da sind. Wann fahren Sie?"
„Samstag oder Sonntag. Mal sehen, ob ich ein billiges Ticket kriege, Charterflüge müsste es doch noch geben. Welcher Tag ist heute?"
„Heute ist Mittwoch, der fünfte Oktober, Chef. Neunzehnhundert ..."
„Also bitte, Bea, das weiß ich selber, welches Jahr wir haben."
„Na, ja, bei Ihnen weiß man nie! Übrigens, hier ist die Akte Schlachter." Bea gibt ihm einen blauen Aktenordner.
„Wie! Was soll ich damit? Ach so, ja, das Finanzamt. Ach, heute habe ich keine Lust mehr. Ich glaube, ich gehe mal zu unserem Reisebüro. Mal sehen, ob die einen günstigen Flug haben. Morgen ist ja auch noch ein Tag!"

Müller nimmt seinen Mantel vom Haken, verabschiedet sich von seiner Sekretärin und geht die Treppe hinab auf die Straße.
Es regnet. Schnell geht er die paar Schritte zum Reisebüro „UPTOURS" in der Richard-Wagner-Straße. Mit dieser Firma arbeitet er schon seit Jahren zusammen. Manchmal muss er für seine Recherchen auch Berlin verlassen und

nach München, Köln, Hamburg oder in andere deutsche Städte fliegen. Manchmal sogar ins Ausland. Normalerweise mag er das überhaupt nicht, denn Müller hat schreckliche Angst vorm Fliegen. Allein der Gedanke an Start und Landung! Fürchterlich!

Als Müller das Reisebüro verlässt, ist er sehr zufrieden. Einen Supersparpreis haben sie ihm dort genannt. Hin und zurück für 699 DM. Der einzige Nachteil dabei ist, dass die Maschine in Mailand zwischenlanden muss, um dort weitere Passagiere aufzunehmen. Also zweimal Starten und Landen! Aber dafür eine Menge Geld gespart!

2

Als Müller am nächsten Morgen in sein Büro kommt, sitzt Bea Braun schon an ihrem Schreibtisch.
„Guten Morgen, Chef. Na, wie war's gestern im Reisebüro? Haben Sie was gefunden?"
„Guten Morgen, Bea. Ja! Am Sonntag geht's los. Ich muss gleich den Felix anrufen. Er holt mich in Barcelona ab. Ach, ich freue mich riesig auf den Urlaub."
„Prima, Chef."

3

Endlich! Freitagnachmittag. Die letzten Tage waren schrecklich. Bea Braun hat viel mit ihm gearbeitet. Aber jetzt ist Schluss. Jetzt sitzt er mit Bea in seinem Büro und trinkt Kaffee.
„Also, Bea, wenn irgendetwas passiert, hier ist die Adresse von Felix. Telefon ist auch dabei."
„Schon gut, schon gut. Keine Sorge." Bea freut sich. Eine Woche ohne Helmut Müller ist wunderbar.

„Letzter Aufruf für die Passagiere des Fluges VIVA AIR nach Mailand und Barcelona. Bitte zum Ausgang 15. Passagiere VIVA AIR bitte zum Ausgang 15."

Als Müller am Abfertigungsschalter steht und seinen Flugschein zeigt, sagt die Angestellte von VIVA AIR zu ihm: „Guten Tag, Herr Müller. Wir haben erfahren, dass in Mailand Nebel ist. Wir müssen mit dem Abflug noch warten. In etwa einer halben Stunde bekommen wir neue Informationen."

Aus der halben Stunde wird natürlich eine Stunde, dann noch eine Stunde. Inzwischen ist es halb fünf.
Müller hat seit dem Frühstück nichts gegessen und hat fürchterlichen Hunger. Als er beschließt, den Warteraum zu verlassen und ins Flughafen-Restaurant zu gehen, kommt die Durchsage:

„Meine Damen und Herren, die Maschine ist bereit zum Einsteigen. Bitte zeigen Sie beim Verlassen des Warteraums Ihre Bordkarte vor. Wir wünschen einen angenehmen Flug und bitten die Verspätung zu entschuldigen."

Hungrig folgt Müller den anderen Passagieren ins Flugzeug. Sein Platz ist ganz hinten, vorletzte Reihe, direkt neben dem Motor der DC 9. Müller ist zufrieden. Er hat in der Zeitung gelesen, dass die Plätze hinten sicherer sind als vorne. Er hat beim Start natürlich fürchterliche Angst.
Nach eineinhalb Stunden hört Müller die Stimme des Flugkapitäns aus dem Bordlautsprecher:
„Meine Damen und Herren. Es tut mir Leid, Ihnen mitteilen

zu müssen, dass der Flughafen Mailand wegen Nebel wieder geschlossen ist. Wir hoffen jedoch, im Laufe der nächsten halben Stunde landen zu können ..."

„Oh, nein! Und wenn wir nicht landen können?", fragt Müller die Stewardess.
„Dann werden wir wahrscheinlich woanders landen. Keine Sorge, runter kommen wir bestimmt!"

Nach der Landung müssen alle Passagiere aussteigen und durch die Zollkontrolle. Wer nach Barcelona weiterfliegt, soll in den Transitraum, fordert eine Stewardess auf. Müller und etwa fünfzig weitere Passagiere folgen der jungen Dame in VIVA AIR Uniform in einen Warteraum. Dort erklärt sie den Reisenden:
„Meine Damen und Herren! Der Flughafen Mailand ist wegen Nebels endgültig geschlossen. Kein Flugzeug kann heute mehr starten oder landen. VIVA AIR hat einen Bus organisiert, mit dem fahren wir nach Genua. Dort wartet eine andere Maschine, die Sie nach Barcelona bringt."
„Aber, um Gottes willen, wann kommen wir denn dann in Barcelona an?"
„Wo fährt der Bus denn ab?"
„Wie lange dauert die Busfahrt?"
„Wo kann ich mal telefonieren? Ich werde erwartet!"

Alle Passagiere sind sehr nervös. Müller schaut auf seine Uhr. Es ist jetzt 20 Uhr. Seit einer halben Stunde ist sein Freund Felix auf dem Flughafen in Barcelona.

5

„Tja, da kann man nichts machen, das ist Schicksal." Ein junger Mann will Müller trösten.
„Sie haben vielleicht Nerven! Ich werde in Barcelona erwartet. Anschließend muss ich noch weiter, mit dem Auto. Ich bin gespannt, wann ich heute im Bett sein werde. Und außerdem habe ich heute seit dem Frühstück nichts gegessen!"
„Na, ja, aber Sie sind auch nicht der Einzige. Andere Passagiere haben auch Probleme. Übrigens, ich heiße Gerd, Gerd Achter. Mir ist egal, wann wir ankommen, ich will drei Monate in Spanien bleiben!"

Die Reisegruppe besteht hauptsächlich aus Deutschen und Spaniern, auch einige Italiener sind jetzt dabei. Die Deutschen stehen einzeln oder zu zweit herum und sprechen gar nicht oder nur sehr leise. Die Spanier haben inzwischen eine große Gruppe gebildet und diskutieren laut. Müller versteht ein bisschen Spanisch. Die Spanier schimpfen auf die Organisation hier auf dem Mailänder Flughafen. Auch die Italiener diskutieren laut in einer Gruppe und schimpfen auf die spanische Fluggesellschaft.

Eine Frau, die allein in einer Ecke sitzt, ist sehr nervös und liest die ganze Zeit irgendwelche Papiere. Sie schaut auch dauernd auf die Uhr und raucht eine Zigarette nach der anderen. Müller schätzt, dass sie vielleicht vierzig Jahre alt ist. ‚Sicherlich eine Geschäftsfrau, die Arbeit mit Urlaub verbindet', denkt er.

6

Um 21 Uhr fährt der Bus nach Genua ab. Die Italiener sitzen bei den Italienern, die Spanier bei den Spaniern und die Deutschen sitzen bei den Deutschen. Eine Gruppe singt, eine Gruppe diskutiert und eine Gruppe ist ganz leise.
Auf dem Flughafen in Genua geht dann alles ganz schnell: Das Flugzeug der VIVA AIR fliegt sofort ab und nach einer halben Stunde landet die Reisegruppe auf dem „Aeroporto del Prat" in Barcelona.
Die Pass- und Zollkontrolle ist kein Problem. Am Ausgang sucht Helmut Müller seinen Freund Felix. Aber – weit und breit kein Felix. Müller sucht eine Telefonzelle. Er wählt die Nummer von Felix.

„¡Diga!"
„Wie bitte? Ähm, ist da nicht Felix Neumann?"
„Ach, du bist es, Helmut! Mensch, wo bist du denn? Immer noch in Mailand?"
„Wieso in Mailand? Ich ..."
„Na, ich war am Flughafen und habe über eine Stunde gewartet und dann hat man mir gesagt, dass der Flug annulliert ist. Seit drei Stunden warte ich auf deinen Anruf!"
„Was? Annulliert? Wir sind mit dem Bus nach Genua gefahren und dann hierher. Ich bin jetzt in Barcelona!"
„In Barcelona? Oh nein, und ich bin hier im Restaurant und kann nicht weg. Was machen wir denn jetzt?"
„Wie weit ist es denn bis zu dir? Ich kann ja ein Taxi nehmen ..."
„Oh, das ist sehr teuer. Bis hierher sind es über 100 Kilometer. Warte mal ... Pass auf, ich glaube, es ist besser, du suchst dir ein Hotel, und morgen früh hole ich dich dann ab. Es tut mir wirklich Leid, aber eine andere Idee hab ich nicht."
„Ist schon o.k. Nach dieser Reise ist es mir jetzt auch schon egal, wo ich schlafe. Machen wir das so. Ich suche ein Hotel und ruf dich morgen früh an, was meinst du?"
„Ich glaube, das ist das Beste. Tut mir wirklich Leid, aber am Flughafen haben sie mir gesagt, dass die Maschine aus Mailand nicht mehr kommt. Da bin ich nach Hause gefahren. Wirklich, so was Dummes!"
„Macht ja nichts, morgen fängt der Urlaub richtig an. Ich freue mich schon riesig. Also bis morgen. Tschüs Felix."

Müller sucht sich ein Taxi. Der Taxifahrer setzt ihn vor dem „Hotel Colon" ab, direkt im alten Zentrum von Barcelona. Müller hat gerade noch genug Peseten, um den Fahrer zu bezahlen.

Das Hotel ist schön und auch sein Zimmer ist gut. Müller geht noch in die Hotelbar. Er möchte ein Bier trinken. Außer ihm ist nur noch eine Dame in der Bar. Aber das ist doch ... tatsächlich, es ist die nervöse Dame aus dem Flugzeug. Müller beschließt, sie anzusprechen. Schließlich ist es ein enormer Zufall, wenn man jemanden nach so einer langen Reise hier wieder trifft.

„Guten Abend. Ich sehe, Sie haben das gleiche Pech gehabt wie ich ... Ach, entschuldigen Sie, mein Name ist Müller, Helmut Müller. Ich war im gleichen Flugzeug wie Sie."
„Oh, ja, tatsächlich. Ich habe Sie nicht gleich erkannt, aber ich erinnere mich, ich habe Sie auch gesehen ... Petra Krause, mein Name."
„Angenehm. Na, das war eine richtige Odysee, was? Na, Hauptsache, wir sind angekommen."

Müller und Frau Krause unterhalten sich ein bisschen. Schließlich fragt er:
„Sind Sie eigentlich beruflich oder privat hier, Frau Krause?"
„Ach, eigentlich weder noch. Oder besser: sowohl als auch. Warum soll ich es Ihnen nicht erzählen? Es ist eine ziemlich dumme Geschichte. Das heißt, ich war dumm. Na ja, also: Vor zwei Monaten habe ich eine Anzeige in der „Morgenpost" gelesen. Hier, ich habe sie immer bei mir:

Spanien. Einmalig günstiges Angebot! Ferienappartements mit hoher Rendite. Ideales Anlageobjekt. 2 Zi.App. nur 215.000 DM. Vermietung garantiert pro Monat 2000 DM. Tel. 0034 3 2551179

Ich hatte gerade eine kleine Erbschaft gemacht und etwas Erspartes hatte ich auch. Ich wollte ein Appartement kaufen, ein paar Jahre vermieten und dann später mal, so für mich, wenn ich alt bin, als Altersruhesitz."

„Eine gute Idee, finde ich. Das ist doch nichts Dummes."

„Ich rief also dort an. Am Telefon war ein sehr freundlicher Herr. Er sagte, dass seine Agentur selbstverständlich den Flug bezahlt, damit ich das Appartement auch besichtigen kann. Er hat mich dann hier in Barcelona am Flughafen abgeholt. Mit einem Wagen fuhren wir dann nach Playa de Aro, das ist etwa 100 Kilometer nördlich von Barcelona. Dort zeigte er mir auch verschiedene Appartements. Alles sehr hübsch. Ich war begeistert."

„Und wo ist das Problem?" Helmut Müller ist jetzt ganz neugierig.

„Das Problem? Das kommt schon noch. Interessiert Sie die Geschichte überhaupt?"

„Ja, ja! Erzählen Sie weiter!"

„Na gut. Also, ich wollte kaufen. Wir verabredeten uns für den 20. September, also vor drei Wochen, in Barcelona. Wieder holte mich der freundliche Herr ab und wir fuhren ins Stadtzentrum von Barcelona. Dieser Herr, er heißt übrigens Basedow, brachte mich in ein Büro und stellte mich einem anderen Herren vor. Dieser Herr war ein Notar. Dann habe ich denn Vertrag unterschrieben und in bar die 215.000 DM bezahlt."

„Warum denn das? Das ist aber sehr gefährlich!"

„Der Herr Basedow sagte mir, dass wir dadurch Steuern sparen und auch Notargebühren."

„Na, auf jeden Fall haben Sie jetzt ein schönes Appartement."

„Eben nicht. Die beiden Herren sagten mir, dass sie auch

den Mietvertrag fertig machen und mir dann alle Dokumente nach Berlin schicken."
„Und?"
„Seitdem habe ich nichts mehr von denen gehört. Ich habe dann jeden Tag die Telefonnummer aus der Anzeige angerufen, aber es meldete sich niemand. Den Notar gibt es auch nicht. Die Adresse im Vertrag existiert gar nicht."
„Donnerwetter, Frau Krause, das ist aber wirklich Pech!"
„Mein ganzes Geld habe ich verloren. Alles ist weg. Ich bin so verzweifelt!" Frau Kraus muss weinen.
„Ja, Frau Krause, was wollen Sie denn nun machen?"
„Ich suche die Gangster jetzt selbst. Ich nehme die Sache jetzt selbst in die Hand! Meine Freunde sagen, ich soll zur Polizei gehen, aber ..."
„Nun, Frau Krause, dafür ist die Polizei doch da, das ist doch eine gute Idee! Vielleicht kennen die schon andere Fälle, die ähnlich sind!"

Müller weiß nicht, was er machen soll. Soll er der Frau helfen? Dann ist sein Urlaub vorbei. Soll er nicht helfen? Dann hat er ein schlechtes Gewissen.
Er beschließt, dass ein schlechtes Gewissen besser ist, als keinen Urlaub zu haben. Urlaub ist Urlaub. Er unterhält sich noch ein bisschen mit Frau Krause, versucht sie ein bisschen zu trösten, dann verabschieden sie sich:
„Es hat mich gefreut, Sie kennen zu lernen, Herr Müller. Wenn Sie mal in Berlin einen Rat in Sachen Versicherungen brauchen, hier ist meine Karte. Ich leite eine Versicherungsagentur. Aber gegen Dummheit gibt es leider keine Versicherung."
„Aber ich bitte Sie, das kann doch jedem passieren. Ich wünsche Ihnen alles Gute, Frau Krause. Gute Nacht!"

Er ist sehr müde, aber er kann nicht schlafen. Er hat wirklich ein schlechtes Gewissen. Er beschließt, am nächsten Morgen beim Frühstück mit Frau Krause zu sprechen. Vielleicht kann er ihr doch helfen.

7

Als Müller am nächsten Morgen aufwacht, ruft er zuerst seinen Freund Felix an. Er gibt ihm die Adresse des Hotels. Sie verabreden sich für 11 Uhr in der Hotelhalle.

Müller nimmt ein gemütliches Morgenbad, rasiert sich und geht gegen 10 Uhr in den Frühstücksraum. Er sucht Frau Krause, aber sie ist nicht da. Jetzt fühlt er sich wirklich schlecht. Sein Gewissen lässt ihm keine Ruhe. Unruhig und nervös wartet er auf seinen Freund.

„Mensch, Helmut, endlich! Grüß dich, alter Junge. Alles o.k.? Na, also jetzt nichts wie los. Ab ans Meer."
„Ach, Felix, schön dich zu sehen. Ich freu mich wirklich. Warte, ich hole schnell meinen Koffer."

Auf der Fahrt nach San Feliu, wo Felix sein Restaurant hat, erzählt Müller ihm die Geschichte von Frau Krause.

„So eine Mistbande. So etwas aber auch! Na, ich kenne ein paar Leute in San Feliu, die uns dabei vielleicht helfen können. Dieser Frau müssen wir doch helfen, das ist doch klar."
„Tja, weißt du, Felix, ich habe aber ihre Adresse nicht. Ich habe ihr nicht gesagt, dass ich Privatdetektiv bin. Ich wollte sie heute früh dann sprechen, und da war sie schon abgereist ..."
„Aber Helmut! Wolltest du ihr nicht helfen?"
„Doch, schon, das heißt, eigentlich nicht, also ich meine, schon, aber ich wollte doch auch Urlaub machen. Also, deswegen wollte ich heute früh mit ihr sprechen, aber da war sie schon weg."
„Helmut, Helmut! Wo ist dein goldenes Herz? Wo ist deine ‚Humphrey-Bogart-Seele'? Wie kannst du eine einsame hilflose Frau mit ihren Tränen alleine lassen? Du, der ‚Colombo' von Berlin!"

Müller sagt nichts mehr. Er ist sauer, besonders auf sich, aber auch ein bisschen auf Felix. ‚Humphrey-Bogart-Seele', so ein Quatsch, denkt er. Nach einer Weile fragt Müller:

„Kennst du einen Ort, der Plaja de Harro heißt oder so ähnlich?"
„Playa de Aro, meinst du? Ja, natürlich, das ist unser Nachbarort, acht Kilometer entfernt an der Küste. Warum?"
„Weil die Krause dort ihr Appartement kaufen wollte. Vielleicht ist sie dorthin gefahren und wir finden sie da. Außerdem habe ich ihre Visitenkarte von Berlin."
„Aha, du willst ihr also doch helfen, Humphrey?"
„Hör auf mit dem ‚Humphrey' oder es passiert gleich was!"

8

Während der Fahrt durch Barcelona und anschließend auf der Autobahn Richtung Gerona sprechen die beiden über die alte Zeit in Berlin, ihr Studium, ihre ersten Restaurantjobs, über gemeinsame Freunde ...
Kurz vor Gerona biegt Felix ab Richtung San Feliu. Sie durchqueren nach zwanzig Minuten das kleine Fischerstädtchen an der Costa Brava und halten dann vor einem Haus. Über der Eingangstür steht in Neonschrift „FELIX". Auf der Tafel neben dem Eingang hängt ein Zettel mit den Tagesgerichten. Außerdem steht auf der Tafel in großen Buchstaben:

„DEUTSCHE UND KATALANISCHE SPEZIALTÄTEN
– CUINA CATALANA I ALEMANYA"

Die Frau von Felix kommt aus der Küche und begrüßt den deutschen Gast:
„Herzlich willkommen in Katalonien, Helmut. Ich bin Blanca. Felix hat mir viel von dir erzählt. Komm, ich zeig dir dein Zimmer und dann setzen wir uns auf die Terrasse. Es ist Zeit für einen kleinen Aperitif."

Im ersten Stock ist das Gästezimmer. Müller stellt sein Gepäck ab, und dann sitzen alle drei, Felix, Blanca und Helmut, auf der Terrasse.
„Wo sind denn eure Kinder? Felix hat mir erzählt, ihr habt vier Kinder ..."
„Na in der Schule, wo denn sonst?", antwortet Blanca.
„Aber es ist doch schon zwei Uhr, haben denn die Kinder hier so lange Unterricht?", fragt Müller.
„Ach, ich weiß, was Helmut meint. In Deutschland haben die Kinder nur vormittags Unterricht und sind meistens schon um zwölf Uhr oder ein Uhr zu Hause. Hier ist das anders, Helmut. Hier sind die Kinder den ganzen Tag in der Schule. Dort essen sie auch und so um fünf Uhr nachmittags kommen sie dann nach Hause."
„Was, in Deutschland sind die Kinder schon um zwölf zu Hause? Was machen denn die Eltern dann mit ihnen, wenn Vater und Mutter arbeiten müssen", fragt Blanca.

"Tja", antwortet Helmut, "eine gute Frage. Manche Frauen arbeiten nur halbtags. Andere hören so lange zu arbeiten auf, bis die Kinder mit der Schule fertig sind. Allerdings ist es dann oft schwer, wieder Arbeit zu finden."
"Na, das ist aber nicht sehr praktisch. Ich dachte immer, die Deutschen sind so fleißig und gut organisiert ...", sagt Blanca.

Während die drei über die Vor- und Nachteile der Ganztagsschule diskutieren, bringt ein Kellner das Essen. Bald sprechen sie nicht mehr über die Schule, sondern Blanca erklärt Helmut die katalanischen Spezialitäten, die auf dem Tisch stehen. Als sie schließlich beim Nachtisch sind, erzählt Felix die Geschichte von Petra Krause.

"Die arme Frau!", sagt Blanca. "Natürlich müssen wir sie finden und ihr helfen."
"Na klar, das machen wir, nicht wahr, Helmut?", fragt Felix.
"Selbstverständlich, natürlich, na klar! Morgen fangen wir an", sagt der Privatdetektiv.
"Aber warum erst morgen?", fragt Blanca.
"Ihr zwei könnt doch jetzt schon nach Playa de Aro fahren. Ich kann leider nicht mitkommen. Erstens muss ich im Restaurant helfen, und dann kommen die Kinder in einer halben Stunde aus der Schule."

9

Helmut Müller und Felix gehen zum Auto und fahren dann in die Nachbarstadt. Sie gehen zu einer Immobilienagentur, die ein Freund von Felix leitet.
Sie haben Glück. Petra Krause hat die Agentur am Vormittag besucht und dort ihre Geschichte erzählt. Der Inhaber hat auch die Adresse von Petra Krause. Sie hat ein Zimmer im Hotel „Big Rock". Im Hotel fragen sie nach Frau Krause. Sie ist in ihrem Zimmer. Müller klopft an die Tür.

„Ja, bitte? Wer ist da?" Die Stimme von Petra Krause klingt ängstlich.
„Keine Sorge, Frau Krause, ich bin's Müller. Helmut Müller. Erinnern Sie sich?"

Die Tür geht auf. Frau Krause ist überrascht.

„Herr Müller! Was machen Sie denn hier? Jetzt glaube ich aber nicht mehr an Zufall ..."
„Ist auch kein Zufall, Frau Krause. Ich habe Sie gesucht, weil ich Ihnen helfen will. Gestern habe ich Ihnen nicht gesagt, dass ich von Beruf Privatdetektiv bin. Ich wollte ja auch eigentlich Urlaub machen, aber mein Freund Felix – darf ich vorstellen, Felix Neumann. Felix, das ist Frau Krause – also Felix ... Na ja, egal, jedenfalls möchten wir Ihnen helfen, Frau Krause. Natürlich ohne Honorar, gratis, sozusagen als Gentlemen."

Zuerst sagt Frau Krause nichts. Sie ist sprachlos. Dann muss sie weinen.
„Ach, Herr Müller, vielen Dank. Ich weiß nicht, was ich machen soll. Wollen Sie mir wirklich helfen? Also, wenn

Sie diesen Herrn Basedow finden und ich mein Geld wiederbekomme, zahle ich Ihnen zehn Prozent als Honorar. Ich möchte nicht, dass Sie umsonst arbeiten. Aber bitte, kommen Sie doch in mein Zimmer. Dann können wir in Ruhe alles besprechen."

Müller und Felix Neumann treten ein. Das Hotelzimmer ist klein, aber praktisch eingerichtet: ein Bett, ein Tisch mit vier Stühlen, ein Schrank. Der Detektiv und Felix Neumann sprechen mit Frau Krause. Sie hat heute früh einige Immobilienagenturen besucht, aber niemand kennt Herrn Basedow.

„Ich glaube, ich habe eine Idee", sagt Müller.
„Ich werde meine Sekretärin in Berlin anrufen. Sie soll eine Anzeige im ‚Tagesspiegel' aufgeben. Darin muss stehen, dass ich ein Appartement an der Costa Brava suche. Der Text muss so ähnlich sein wie die Anzeige, die Sie haben, Frau Krause. Vielleicht meldet sich Basedow und wir können uns mit ihm treffen. Na, wie findet ihr die Idee?"

Felix und Frau Krause sind einverstanden. Am Montag wird Müller seine Sekretärin anrufen. So hat Müller wenigstens den Sonntag frei und kann die Sonne und den Strand genießen.

10

Am Montag ruft Müller seine Sekretärin an. Er erzählt ihr die ganze Geschichte von Frau Krause und diktiert den Text der Anzeige. Am nächsten Tag schon erscheint die Anzeige in der Zeitung. Am Dienstagnachmittag kauft Müller den ‚Tagesspiegel' an einem Kiosk, der auch deutsche Zeitungen verkauft.

Seriöser Geschäftsmann sucht Investitionsmöglichkeiten in Spanien. Wenn möglich Costa Brava. Interesse an Kauf von Appartements zur Vermietung. Angebote per Fax an Fax Nr. 223 35 22 Berlin.

Müller ist zufrieden. Seine Sekretärin wird ihn sofort anrufen, wenn sich jemand meldet. Vielleicht haben sie Glück. Als am nächsten Morgen das Telefon klingelt, ist der Detektiv noch im Bett. Schließlich hat er ja Urlaub. Am anderen Ende der Leitung ist Bea Braun. Sie ist ganz aufgeregt.

„Chef, guten Morgen, gerade ist ein Fax angekommen von einer Immobilienagentur in Barcelona. Soll ich es vorlesen?"
„Guten Morgen, Bea. Was ist los? Was für eine Agentur? Wie heißt sie?"
„Hier steht ‚COSTAIMMO S.L.'. Sie schreiben, dass sie mehrere Objekte zur Auswahl haben. Sie schreiben, dass die Firma einen deutschen Geschäftsführer hat, und laden Sie nach Barcelona ein. Der Flug ist gratis und ... Moment Chef, da kommt schon wieder ein Fax an. Bleiben Sie am Apparat. Ich schaue mal, was das ist ... Ja, tatsächlich, noch ein Angebot. Auch aus Barcelona. Die Firma heißt ‚PLAYA Y SOL IMMOBILIEN'. Sie haben Appartements an der Costa Brava und laden Sie auch nach Barcelona ein."
„O.K., Bea, wunderbar. Bitte schicken Sie mir eine Kopie der beiden Briefe an folgende Fax-Nummer hier in San Feliu: 00 34 72 395320. Das ist das Fax vom Restaurant von Felix. Mal sehen, ob wir wirklich Glück haben."

Müller steht auf, duscht sich und geht nach unten ins Restaurant. Felix ist schon in seinem Büro und arbeitet.

„Na, du Urlauber, hast du gut geschlafen? Hier sind zwei Faxe für dich. Vielleicht ist ja unser Herr Basedow dabei."

Zusammen lesen sie die beiden Briefe. Dann sagt Felix: „Also, zuerst rufen wir meinen Freund Pol Sans an. Der hat eine große Immobilienfirma in Barcelona. Vielleicht kennt er diese Firmen. Dann rufen wir in Playa de Aro an, bei der Firma, die wir am Samstag besucht haben. Dann machen wir einen Termin mit diesen Firmen aus. Wenn dann dieser Herr Basedow dabei ist ..."

„Moment mal, Felix. Moment mal. Der Detektiv hier bin ich. Du bist ein wunderbarer Koch und machst deine Arbeit, und ich bin Detektiv und mache meine Arbeit. Zuerst werde ich die beiden Briefe analysieren."

Und Helmut Müller liest noch einmal die beiden Angebote der Immobilienfirmen:

COSTAIMMO BARCELONA

Barcelona, 11. Oktober

Sehr geehrte Damen und Herren,

wir haben mit großem Interesse Ihre Anzeige im Tagesspiegel von heute gelesen. Wir freuen uns, Sie nach Barcelona einladen zu können. Gleichzeitig möchten wir darauf hinweisen, dass unsere Firma unter deutscher Geschäftsführung steht. Das hat für Sie zwei Vorteile:
1. Alle Formalitäten können von uns seriös und vertraulich abgewickelt werden, so wie Sie das in Deutschland gewohnt sind.
2. Sie werden keine Sprachprobleme haben, alle Unterlagen werden zweisprachig erstellt.

Wir können Ihnen Objekte ab 200.000 DM bis zu 1 Million DM anbieten. Alle Objekte haben eine hohe Rendite und sind praktisch schon vermietet, sodass Sie vom ersten Tag an Gewinne erzielen können.
Bitte rufen Sie heute noch Herrn Wimmer an. Er steht zu Ihrer persönlichen Verfügung und wird alles Weitere mit Ihnen persönlich besprechen. Seine Telefonnummer ist 00 34 3 4593459.

Mit freundlichen Grüßen

P. Huey
COSTAIMMO
Peter Glückwein

Das zweite Schreiben hat einen ähnlichen Text:

Playa y Sol Immobilien S.L.

Barcelona, 11. Oktober

Sehr geehrte Damen und Herren,

mit Interesse haben wir Ihre Anzeige im Tagesspiegel gelesen. Wir sind eine Firm mit langer Tradition und Erfahrung im Verkauf von Appartements an der Costa Brava. Zur Zeit haben wir eine Reihe interessanter Objekte im Angebot, die gute Rendite garantieren. Sollten Sie an unseren Angeboten interessiert sein, laden wir Sie hiermit zu einer Besichtigung einiger Appartements in Blanes, S'Agaró und Rosas ein. Die Flugkosten werden selbstverständlich von unserer Firma übernommen.

Wir hoffen, bald von Ihnen zu hören, und verbleiben
mit freundlichen Grüßen

Frederico Prats
Frederico Prats
Playa y Sol S.L.

„Ach, Felix, gib mir doch mal die Telefonnummer von deinem Freund aus Barcelona. Wie heißt der? Paul Zanz?"
„Nein, Pol, Pol Sans. Aber ich glaube, es ist besser, wenn ich anrufe, meinst du nicht?"

„Na, gut, dann ruf du eben an." Müller ist sauer. Seinem Freund Felix macht es wohl Spaß, ein bisschen Privatdetektiv zu spielen. Schließlich ist das sein Fall. Er, Helmut Müller, ist engagiert und nicht Felix. „Dann kannst du auch gleich deinen Freund in Paya Harro oder wie das heißt anrufen. Ich besuche mal unsere Freundin, Frau Krause. Vielleicht kann sie mir noch etwas mehr erzählen von diesem Herrn Basedow."

11

Helmut Müller trifft Frau Krause im Hotel. Sie gehen zusammen essen. Herr Müller fragt:
„Sagen Sie, Frau Krause, wie sieht eigentlich dieser Herr Basedow aus? Können Sie ihn ungefähr beschreiben?"
„Tja, also, ich versuch es mal. Er ist ungefähr einen Meter siebzig groß, ziemlich dick, er hat dunkle Haare und eine Brille. Er ist ungefähr 45 Jahre alt. Außerdem raucht er die ganze Zeit dicke Zigarren. Er hat eine tiefe Stimme. Ich glaube, er kommt aus Bayern. Jedenfalls hat er einen bayrischen Akzent."
„Und können Sie sich auch noch erinnern, wie dieser sogenannte Notar aussah?"
„Der Notar? Das ist schon schwerer. Den habe ich ja nur einmal gesehen. Aber warten Sie mal ..." Frau Krause denkt nach.
„Ja, doch, so ungefähr kann ich ihn beschreiben. Er ist ziemlich groß, vielleicht einen Meter achtzig. Sehr elegant fand ich ihn eigentlich nicht. Er ist ungefähr 40 bis 45 Jahre alt. Ich glaube, er hat blonde Haare. Er sieht gar nicht wie ein Spanier aus, finde ich. Jedenfalls nicht wie ein typischer Spanier."

„Was ist schon typisch, Frau Krause? Typisch deutsch, typisch spanisch, typisch italienisch? Gangster gibt es überall. Jedenfalls vielen Dank für die Beschreibung. Vielleicht haben wir Glück und erwischen diesen Basedow und seinen Freund bald. Sobald wir etwas mehr wissen, melde ich mich wieder bei Ihnen. Übrigens, das Essen war wunderbar. Man kann hier wirklich fabelhaft gut essen."

12

Als Müller wieder in San Feliu ist und seinen Freund Felix trifft, gibt es eine Menge Neuigkeiten. Felix hat Informationen über die beiden Immobilienagenturen:

„Also, Helmut, die Firma PLAYA Y SOL ist eine alte, bekannte Firma, die auf deutsche Immobilien spezialisiert ist. Absolut seriös. Bei denen arbeitet auch kein Herr Basedow. Die andere Firma, COSTAIMMO, kennt mein Freund Pol Sans allerdings nicht. Ich habe inzwischen im Telefonbuch nachgesehen. Da gibt es auch keine Firma, die so heißt. Entweder ist die Firma ganz neu gegründet oder wir haben wirklich eine heiße Spur. Ich finde, wir sollten jetzt ..."
„Felix, Felix! Jetzt reicht's mir aber! Wer ist hier eigentlich der Detektiv? Bist du etwa jetzt der Humphrey Bogart der Costa Brava? Der Colombo von San Feliu? Ich denke, du bist Koch und hast ein schönes Restaurant. Und ich bin Detektiv und löse diesen Fall. Und zwar ab jetzt ohne dich, verstanden?"
„Nun sei doch nicht gleich sauer, Helmut. Ich finde das ganz einfach aufregend. Es ist doch wirklich sehr interessant. Außerdem will ich dir ja nur helfen."
„Schon gut. Also Felix, dann erzähle mal, was wir jetzt machen sollten."
„Ganz einfach: Deine Sekretärin ruft diese Agentur an, diesen Herrn Wimmer. Sie soll mit ihm einen Termin ausmachen. Am besten soll er vorschlagen, wann und wo. Wir fahren dann zusammen mit der Frau Krause hin. Wenn die Frau Krause dann merkt, dass der Wimmer in Wirklichkeit der Basedow ist, dann ist der Fall doch gelöst, oder?"
„Und wie kommen wir an den zweiten Mann, den so ge-

nannten Notar? Und wenn der Basedow bewaffnet ist? Nein, nein, Felix, das ist zu gefährlich. Außerdem habe ich hier in Spanien keine Lizenz als Privatdetektiv. Wir müssen die Polizei einschalten. Und zwar von Deutschland aus. Wenn du einverstanden bist, du Humphrey Bogart der Costa Brava, dann rufe ich jetzt Bea Braun in Berlin an."

13

Der Privatdetektiv ruft seine Sekretärin an. Bea notiert alles:

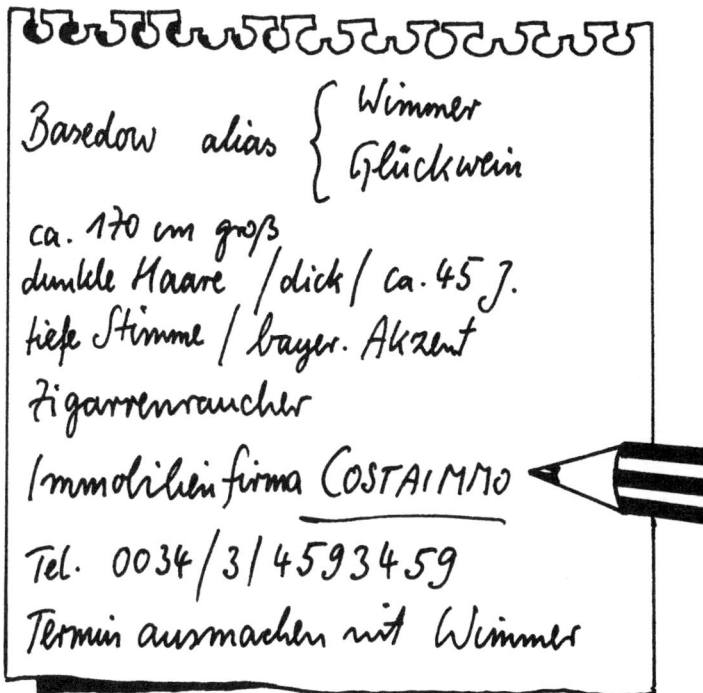

„Also, Chef, ich frage mal bei Kommisar Schweitzer nach, ob die etwas über den Basedow in ihrem Computer haben. Mit dem Wimmer mache ich auf jeden Fall einen Termin aus. Ich sage einfach, dass ich die Sekretärin von der Firma Helmut Müller Gemüseimport GmbH bin. Das klingt doch gut, oder? Das ist dann auch der Grund, warum sie gerade in Barcelona sind. Sie sind dort, um Geschäftspartner zu treffen, o.k."
„O.k., Bea, viel Glück, und melden Sie sich, sobald Sie etwas wissen." Müller ist zufrieden. Er sagt zu seinem Freund Felix: „Siehst du, mein Lieber. Das ist Professionalität. Das ist kein Fall für Hobbydetektive, sondern nur für Profis!"

Am nächsten Tag kommt ein Fax von Bea Braun.

```
Lieber Chef,
habe mit Wimmer telefoniert. Er hat eine
tiefe Stimme und spricht mit bayrischem
Akzent!!! Er will Sie treffen am
      13.10. um 11 Uhr
      Foyer Hotel CONDES DE BARCELONA
      Paseo de Gracia 75
      Barcelona
Er hat einen Wagen und zeigt Ihnen dann
verschiedene Appartements an der Küste.

Hab auch mit Komm. Schweitzer gesprochen.
Er hat keine Informationen zu Basedow-
Wimmer etc.
Viel Glück
```

Müller ist ein bisschen enttäuscht. Wenn auch die deutsche Polizei keine Informationen hat, kann sie auch nicht helfen. Also muss er doch versuchen, mit Felix zusammen etwas zu machen. Auf keinen Fall möchte er Frau Krause mit nach Barcelona nehmen. Das ist zu gefährlich. Er fragt seinen Freund:

„Felix, kannst du fotografieren? Wenn ja, dann habe ich einen Plan. Hör zu: Wir fahren zusammen nach Barcelona. Ich treffe mich mit dem Wimmer in diesem Hotel. Du wartest am Ausgang auf der Straße. Wenn wir dann aus dem Hotel gehen, versuchst du, ihn zu fotografieren. Das Foto zeigen wir dann der Frau Krause. Ist der Wimmer dann identisch mit dem Basedow, spiele ich weiter den interessierten Käufer. Vielleicht treffen wir dann auch den geheimnisvollen Notar."
„Einverstanden, Helmut. Ich bin übrigens nicht nur ein guter Koch, sondern auch ein guter Fotograf. Also kein Problem."

14

Am Donnerstag früh fahren die beiden Freunde nach Barcelona. Felix wartet vor dem Hotel, den Fotoapparat in der Hand. Müller geht ins Hotel-Foyer. Dort trifft er Herrn Wimmer. Wimmer hat tatsächlich ein tiefe Stimme. Auch die restliche Beschreibung von Frau Krause stimmt: dunkle Haare, etwa ein Meter siebzig groß. Und Herr Wimmer raucht Zigarre.
‚Das ist der Basedow, da bin ich ganz sicher', denkt Müller. Sie gehen aus dem Hotel. Vor dem Hotel steht ein Mercedes.

„Bitte, steigen Sie ein, Herr Müller. Wir fahren jetzt nach Playa de Aro. Das ist ein kleines Städtchen im Norden, etwa hundert Kilometer von hier. Kennen Sie die Gegend hier?", fragt Wimmer alias Basedow.
„Nein", lügt Müller, „da war ich noch nie. Ich bin immer nur hier in Barcelona wegen meiner Geschäfte."

15

Als Felix die beiden aus dem Hotel kommen sieht, macht er schnell ein paar Fotos. Er hat ein Teleobjektiv und kann den Mann neben Müller genau erkennen. ‚Hoffentlich sind die Fotos gut', denkt er. Dann fährt er nach San Feliu und bringt sie in ein Fotolabor. Nach einer Stunde sind die Fotos fertig. Er ist zufrieden. Er ruft Frau Krause an. Sie verabreden sich zum Abendessen in Felix' Restaurant.

Am Abend ist auch Helmut Müller wieder zurück. Felix zeigt das Foto, das er am Vormittag gemacht hat.

„Das ist der Basedow, da bin ich ganz sicher", ruft Frau Krause, als sie das Foto sieht.
„Das dachte ich mir schon", sagt Müller. „Ihre Beschreibung hat mir sehr geholfen, Frau Krause. Und das Foto ist einfach Klasse, Felix!"

Beim Essen muss er erzählen, was er mit Basedow alias Wimmer erlebt hat.
„Tja, dieser Basedow hat mit mir den gleichen Trick versucht wie mit Ihnen, Frau Krause. Er hat mir verschiedene Appartements gezeigt und gesagt, dass ich am besten bar zahlen soll, weil ich dann Steuern sparen könnte. Ich habe ihm gesagt, dass das alles sehr interessant ist und dass ich kaufen will. Er macht jetzt einen Termin mit einem Notar, einem Herrn Carlos Montana, und bereitet alle Papiere vor. Nächste Woche Freitag soll ich dann unterschreiben."

„Dieser Mistkerl!", schimpft Frau Krause. „Ach Herr Müller, Sie sind phantastisch. Sie haben mir so geholfen."
„So, ich glaube, den Rest der Geschichte überlassen wir der Polizei. Felix, du müsstest am besten mit Frau Kraus nach Barcelona fahren und dort der Polizei alles erklären. Am nächsten Freitag bin ich also wieder hier in Katalonien. Wie schön! Aber jetzt mache ich wirklich Urlaub. Zwei Tage habe ich ja noch. Übrigens, was empfiehlt denn der Koch heute? Gibt es heute etwas Besonderes in Felix' Restaurant?"
„Oh, ja! Zu Ehren meiner beiden Berliner Gäste habe ich ein orginal Berliner Menü zusammengestellt:"

- Hausgemachte Matjesheringe in Sahnesoße mit Apfelscheiben
- Kalbsroulade mit Rotkohl und Dampfkartoffeln
- Rote Grütze mit Vanilleeis

ENDE

Übungen und Tests

1. Können Sie schon etwas über die drei Personen sagen?

Helmut Müller ist _____

Er hat _____

Er möchte _____

Bea Braun ist _____

Sie ist _____

Sie _____

Felix Neumann ist _____

Er lebt in _____

Er _____

2., 3. und 4. Fragen beantworten:

Wann fährt Müller in Urlaub?
Welches Problem gibt es in Mailand?
Wie viele Stunden ist Müller unterwegs?

5. und 6. Im Flugzeug sitzen hauptsächlich drei Gruppen von Reisenden: Italiener, Deutsche und Spanier. Fassen Sie zusammen:

Die Italiener	Die Deutschen	Die Spanier
_____	_____	_____
_____	_____	_____
_____	_____	_____

Müller und Frau Krause unterhalten sich im Hotel Colon. Machen Sie sich Notizen und versuchen Sie, das Gespräch wiederzugeben.
Hier sind einige Stichpunkte:

```
Petra Krause: Anzeige "Morgenpost"
    → Appartement kaufen/vermieten
        → Alterruhesitz
Agentur → Playa de Aro
(20. September) in Barcelona
...
```

7. und 8. Müller hat Frau Krause nicht gesagt, dass er Privatdetektiv ist. Wissen Sie, warum?

Einen Tagesablauf rekonstruieren:

Zeit	
?	Müller steht auf
10:00	Er geht
11:00	
12:00	
13:00	
14:00	
15:00	
16:00	
17:00	

9. Müller und Neumann treffen Frau Krause. Frau Krause sagt: „Ich zahle Ihnen 10 Prozent Honarar."
Wie viel wird Müller also verdienen, wenn der Fall gelöst ist?

Müller hat eine Idee. Er will eine Anzeige in der Zeitung aufgeben. Wie kann so eine Anzeige wohl aussehen? Schreiben Sie eine Anzeige!

Bitte deutlich schreiben (Groß-/Kleinschreibung) und zwischen jedem Wort ein Feld freilassen

10. Lesen Sie noch einmal genau beide Briefe der zwei Immobilienfirmen. Welche Firma erscheint Ihnen seriöser? Warum?

11. Frau Krause beschreibt Herrn Basedow. Welche der vier Zeichnungen ist Ihrer Meinung nach die richtige?

Und wer ist der Notar? Lesen Sie noch einmal die Beschreibung!

13. und 14. Was meinen Sie? Ist Basedow identisch mit Wimmer? Suchen Sie dazu Hinweise im Text!

15. Können Sie sich noch an den Trick der Betrüger erinnern? Wenn nicht, lesen Sie noch mal das erste Gespräch zwischen Frau Krause und Müller im Hotel Colon. Na?

Sämtliche bisher in dieser Reihe erschienenen Bände:

Stufe 1

Oh, Maria …	32 Seiten	Bestell-Nr. **49681**
Ein Mann zu viel	32 Seiten	Bestell-Nr. **49682**
Adel und edle Steine	32 Seiten	Bestell-Nr. **49685**
Oktoberfest	32 Seiten	Bestell-Nr. **49691**
Hamburg – hin und zurück	40 Seiten	Bestell-Nr. **49693**
Elvis in Köln	40 Seiten	Bestell-Nr. **49699**
Donauwalzer	48 Seiten	Bestell-Nr. **49700**

Stufe 2

Tödlicher Schnee	48 Seiten	Bestell-Nr. **49680**
Das Gold der alten Dame	40 Seiten	Bestell-Nr. **49683**
Ferien bei Freunden	48 Seiten	Bestell-Nr. **49686**
Einer singt falsch	48 Seiten	Bestell-Nr. **49687**
Bild ohne Rahmen	40 Seiten	Bestell-Nr. **49688**
Mord auf dem Golfplatz	40 Seiten	Bestell-Nr. **49690**
Barbara	40 Seiten	Bestell-Nr. **49694**
Ebbe und Flut	40 Seiten	Bestell-Nr. **49702**
Grenzverkehr am Bodensee	56 Seiten	Bestell-Nr. **49703**

Stufe 3

Der Fall Schlachter	56 Seiten	Bestell-Nr. **49684**
Haus ohne Hoffnung	40 Seiten	Bestell-Nr. **49689**
Müller in New York	48 Seiten	Bestell-Nr. **49692**
Leipziger Allerlei	48 Seiten	Bestell-Nr. **49704**